ПОЧЕМУ ИИСУС?

НИККИ ГАМБЛ

Alpha

Москва
Централизованная религиозная организация
христиан веры евангельской «Харизма»
2012

УДК
ББК

Why Jesus? by Nicky Gumbel.
Alpha International, Holy Trinity Brompton,
Brompton Road, London SW7 1JA, UK
First published 1991
Почему Иисус? Никки Гамбл
(перевод с англ. М. Н. Савельева) -М.:Централизованная религиозная организация христиан веры евангельской «Харизма», служение «Альфа курс» 107564, г.Москва, ул. Краснобогатырская д.38, стр.2, тел. (495)-963-35-11,
e-mail: info@ alphacourse.ru
www.alphacourse.ru
2012.-26 с.
ISBN 978-5-905027-09-3

Все права сохранены. Никакая часть этой книги не может быть воспроизведена, в какой бы то ни было форме без соответствующего письменного разрешения от издателя.

«Почему Иисус?» - многие люди задумываются об Иисусе Христе. Кто Он? Святоша или действительно Сын Божий, Чудотворец, Пророк или великий Гуру? Может, просто хороший человек? Жил ли Он на земле?...

В этой брошюре автор предлагает обсудить ответы на эти вопросы.

ISBN 978-5-905027-09-3 (рус.)

© Alpha International, 1991
© Централизованная религиозная организация христиан веры евангельской «Харизма», издание 3-е исправленное и дополненное, 2012

О ЧЕМ ПОЙДЕТ РЕЧЬ В ЭТОЙ КНИГЕ?

Отношения между людьми могут быть необыкновенно волнующими. В действительности, именно отношения являются наиболее важной частью нашей жизни. Наши отношения с родителями, возлюбленными, супругами, детьми, внуками, друзьями.

Суть христианства в первую очередь в отношениях, а не в правилах, которые обязательны для выполнения. Речь пойдет о Личности в большей степени, чем о философии. О наиболее важных отношениях из всех возможных — взаимоотношениях с Богом, который нас сотворил. Иисус утверждал, что самая важная заповедь — возлюби Бога своего. И сразу за этим — ближнего своего. Из этого следует, что христианство затрагивает и вопрос отношений с другими людьми.

ЗАЧЕМ НАМ НУЖЕН ОН?

Вы и я были созданы для того, чтобы иметь общение с Богом. До тех пор, пока мы не обретем это общение, мы всегда будем ощущать недостаток чего-то в нашей жизни. Если честно, мы часто знаем о том, что с нами не все в порядке. Один рок-певец так выразился по этому поводу: «У меня где-то глубоко внутри живет пустота».

Одна домохозяйка написала, что чувствует нехватку чего-то важного внутри своего существа. Моя знакомая молодая девушка говорила мне о том, что из ее души как будто вырван кусок.

Люди стараются заполнить пустоту. И пробуют разные способы. Иногда они пробуют заткнуть дыру деньгами, но не находят удовлетворения. Аристотель Онасис, который был одним из самых богатых людей в мире, сказал в конце жизни: «Даже многие миллионы не дают в сумме то, что человек действительно хочет от жизни».

Другие пробуют поймать кайф от наркотиков и алкоголя. Есть и такие, которые ищут выход в том, что на самом деле является сексуальной нечистоплотностью. Одна девушка сказала мне: «Все это может принести ощущение некоторого удовлетворения, но после твоя пустота всегда возвращается к тебе». Некоторые люди посвящают себя работе, увлекаются музыкой, спортом или стараются добиться успеха. Все это вполне невинные занятия, но они тоже не способны удовлетворить тот голод, который есть в глубине каждого человеческого сердца.

Даже самые близкие человеческие отношения, которые могут быть прекрасными сами по себе, не способны решить эту задачу — заполнить пустоту глубоко внутри. Только взаимоотношениями с Богом, для которых мы и были созданы, могут решить эту задачу.

Новый Завет говорит, что эта пустота образовалась в результате того, что люди отвернулись от Бога.

Иисус сказал: «Я есть хлеб жизни» (Евангелие от Иоанна 6:35). Он — единственный, Кто может удовлетворить голод, который есть в глубине нашего существа. Потому что только Он дает нам возможность восстановить давно потерянные отношения с Богом.

а) Он приносит значение и цель в нашу жизнь

Рано или поздно каждый задается вопросом: «Для чего же я родился на этот свет?» или «Зачем мне дана жизнь?» или «Какова цель моей жизни?».

Альберт Камю однажды сказал: «Человек не может жить, не зная, для чего он живет».

До тех пор пока у нас не будет отношений с Богом, мы не сможем найти истинного смысла и цели для своей жизни. Все остальное может дать временное удовлетворение, но оно будет только временным. Только в отношениях с нашим Создателем мы найдем смысл и цель нашей жизни.

б) Он приносит жизнь, длящуюся после смерти

Когда я еще не был христианином, мне не особенно нравилось думать о смерти. Моя собственная смерть казалась делом достаточно отдаленного будущего. Я не имел понятия о том, что меня ждет тогда, и думать об этом просто не хотелось. Я отворачивался от того, что на самом деле было реальностью. Все мы умрем — и это неоспоримый факт. Библия говорит, что Господь вложил вечность в сердце каждого человека (Екклесиаст 3:11). Большинство людей не хотят умирать. Нам свойственно желание продолжать жизнь после смерти. Только в Иисусе Христе мы находим вечную жизнь. И наши отношения с Богом, которые начинаются в настоящем, в будущем преодолеют смерть и приведут нас в вечность.

в) Он дает нам прощение, в котором мы нуждаемся

Если уж быть откровенными, нам придется признать, что все мы часто поступаем неправильно, прекрасно это осознавая. Некоторые из наших дел заставляют нас стыдиться. Более того, наша сосредоточенность на самих себе сильно вредит нам. Иисус сказал: «нечистым» человека делает то, что исходит из него. Из сердца человека исходят злые мысли, разврат, воровство, убийство, неверность в браке, жадность, злоба, обман, распутство, зависть, надменность и безрассудство» (Евангелие от Марка 7:20-23, современный перевод).

Мы отчаянно нуждаемся в прощении. Так же как больному раком нужен врач, независимо от того, осознает он это или нет, нам нужно прощение, хотите вы это признать или не хотите. Своей смертью на кресте Иисус дал нам возможность получить прощение и возобновить потерянные отношения с Богом. Именно так Бог ответил на наш крик о помощи.

ПОЧЕМУ МЫ ТАК МНОГО ГОВОРИМ ОБ ИИСУСЕ?

Почему нам следует обратиться к Христианству? На это есть очень простой ответ — потому что это истина. Если Христианство не истинно, мы попросту теряем время. Если это правда, то она жизненно важна для каждого человека.

Откуда нам знать, правда ли это?

Мы можем проверить притязания Христианства, потому что оно основано на исторических фактах. На жизни, смерти и воскресении Иисуса Христа. Наша вера основана на достоверных исторических свидетельствах.

Кто такой Иисус?

Иисус — самый замечательный человек из всех, рождавшихся для жизни. Он — отправной пункт нашей цивилизации. Как бы то ни было — все, что было до него, называется — до Рождества Христова, а то, что происходило потом — после Рождества Христова.

Иисус был и есть Сын Божий. Некоторые полагают, что Он был религиозным учителем, «очень хорошим религиозным учителем». Между тем, факты не оставляют шансов этому предположению.

а) Его притязания

Иисус утверждал, что является единородным Сыном Божьим и равен Богу. Он заявил, что имеет власть прощать грехи; что однажды Он придет, чтобы судить мир; что Его приговор будет зависеть от того, как каждый человек ответит на Его зов.

Как писал об этом К. С. Льюис:
«Если бы простой человек, говорил то, что говорил Иисус, то Он не был бы великим учителем нравственности. Он был бы либо безумцем, как человек, называющий себя чайником, либо дьяволом из ада. Вы должны решить для себя: признать, что этот Человек был и есть Сын Божий, либо счесть Его сумасшедшим и, тогда посадить его под замок, как безумца; или возненавидеть и убить. Либо пасть к Его ногам и назвать Его Господом и Богом. Только откажитесь от снисходительного вздора насчет того, что Он — великий учитель человечества. Возможности думать так Он нам намеренно не оставил».

б) Его характер

Многие из тех, кто не считает себя христианами, признают, что Иисус — пример абсолютной самоотверженности. Достоевский, сам христианин, сказал: «Я верю, что нет более любящего, глубокого, более притягательного и совершенного человека, чем Иисус. Ревностно любя, я говорю себе, что другого такого, как Он не только нет, но и быть не может».

Что касается Его учения, то, похоже, все уже давно согласились, что это самое бескорыстное и хорошее, что когда-либо исходило из человеческих уст.

К. С. Льюис писал об этом так:
«Теперь мне кажется очевидным, что Он не был

ни безумцем, ни злодеем, а это значит, что как бы странно, страшно или маловероятно это не звучало, я вынужден признать, что Он был и есть Бог, который пришел в этот захваченный врагом мир в виде человека».

в) Его победа над смертью

Существуют убедительные доказательства Его физического воскресения. Когда ученики пришли ко гробу, они обнаружили саван, в котором не было тела Иисуса.

В течение последующих шести недель Его видело более 500 человек. Жизнь Его учеников полностью изменилась, христианская церковь не только появилась, но и начала расти с невероятной скоростью.

Бывший главный судья Англии Лорд Дарлинг сказал: «В пользу подтверждения имеющейся истины существует такое несметное количество свидетельств, про- и контр-, прямых и косвенных, что ни один здравомыслящий суд присяжных в мире не смог бы не вынести вердикт о том, что история воскресения истинна». Единственный вывод, который можно из этого сделать — что Иисус был и есть Сын Божий.

ЗАЧЕМ **ОН ПРИШЕЛ?**

Иисус — единственный человек в истории, который сам принял решение о Своем рождении, и один из немногих, кто сам принял решение о смерти. Он сказал, что главная цель Его прихода на землю — умереть за нас. «Ибо и Сын Человеческий для того пришел, чтобы отдать душу Свою для искупления многих» (Евангелие от Марка 10:45).

О распятии мы знаем достаточно, чтобы утверждать, что это была одна из самых жестоких казней в истории человечества. Цицерон описывал распятие, как «самую ужасную и жестокую из всех пыток». Иисус должен был быть избит плетками, которые состояли из четырех или пяти кожаных языков с вплетенными в них острыми зазубренными костями и свинцом. Евсевий, историк церкви, живший в третьем столетии нашей эры, в таких выражениях описал то, как наказывали плетьми римляне: «вены страдальца были вспороты и мышцы, сухожилия и внутренности жертвы были вскрыты и обнажены». На кровоточащие плечи Иисуса положили тяжелый деревянный крест и заставили нести к месту казни до тех пор, пока Он не рухнул. Не один час провел Он на кресте, страдая от невыносимой боли.

Новый Завет говорит, что физическая и душевная боль Его была страшным испытанием, но гораздо труднее было перенести духовную муку — быть отделенным от Бога, в тот момент, когда Он понес наши грехи.

Зачем он умер?

Иисус сказал, что Он умер «за» нас. Слово «за» означает буквально «вместо» нас. Он сделал это, потому что любил нас и не хотел, чтобы мы сами расплачивались за все наши неправильные поступки. На кресте он говорил: «Я все это возьму на Себя». Он сделал это конкретно для тебя и конкретно для меня. Даже, если бы Вы или я были бы единственным человеком в мире, Он все равно сделал бы это для нас. Апостол Павел писал, что верит в «Сына Божия, возлюбившего меня и предавшего Себя за меня» (Послание Галатам 2:20). Его любовь к нам побудила Его отдать Свою жизнь как выкуп за нас.

Слово «выкуп» в этом значении появилось во времена работорговли. Какой-нибудь благородный человек мог купить раба и отпустить его на свободу. Необходимо было только заплатить цену — цену выкупа. Иисус заплатил эту цену за всех нас Своей кровью на кресте.

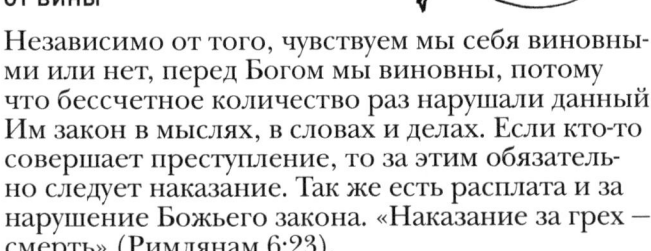

От чего мы освобождены?

а) мы освобождены от вины

Независимо от того, чувствуем мы себя виновными или нет, перед Богом мы виновны, потому что бессчетное количество раз нарушали данный Им закон в мыслях, в словах и делах. Если кто-то совершает преступление, то за этим обязательно следует наказание. Так же есть расплата и за нарушение Божьего закона. «Наказание за грех — смерть» (Римлянам 6:23).

За все то, что мы делаем неправильно, мы приговорены к духовной смерти — вечному отделению от Бога. Мы все заслужили то наказание, которое Иисус взял на себя на кресте, чтобы мы могли быть полностью прощены и освобождены от своей вины.

б) мы освобождены от различных зависимостей

Все то, что мы делаем неправильно, не проходит для нас бесследно. Мы становимся от этого зависимыми. Иисус сказал: «Всякий, делающий грех, есть раб греха» (Евангелие от Иоанна 8:34). Иисус умер, чтобы освободить нас от этого рабства. Сила любой зависимости разрушена на кресте. Не исключено, что мы можем сорваться, но грех перестает иметь власть над нашей жизнью в тот момент, когда Иисус освобождает нас. Поэтому Иисус добавляет, что «если Сын освободит вас, то истинно свободны будете» (Евангелие от Иоанна 8:36).

в) свобода от страха

Иисус пришел, «дабы смертью лишить силы имеющего державу смерти, то есть дьявола, и избавить тех, которые от страха смерти через всю жизнь были подвержены рабству» (Евреям 2:14). Нам не нужно больше бояться смерти.

Смерть — не конец для тех, кого освободил Иисус. Она, наоборот, открывает путь на небеса, где мы будем избавлены даже от присутствия греха. Освободив нас от страха смерти, Он освободил нас и от всякого другого страха.

Для чего нам нужна свобода?

Иисус не присутствует на земле сейчас в физическом теле; но Он не оставил нас одних. Он послал Своего Святого Духа, чтобы Тот был с нами. И когда Его Дух начинает жить в нас, мы получаем новую свободу.

а) свобода познавать Бога

Наши проступки создали преграду между нами и Богом. «Беззакония ваши произвели разделение между вами и Богом вашим» (Исайя 59:2). Когда Иисус умер на кресте, пала стена, отделяющая нас от Бога. Он дал нам возможность вступить в отношения с нашим Создателем. Мы становимся Его сыновьями и дочерьми. Его Дух дает нам уверенность в этих отношениях и помогает нам узнать Его ближе, молиться и открывать для себя Его Слово (Библию).

б) свобода любить

В первом послании Иоанна говорится, что «мы любим, потому что Он прежде возлюбил нас» (I Иоанна 4:19). Глядя на крест, мы понимаем, как Бог любит нас. Дух Божий, который приходит, чтобы жить в нас, дает нам пережить Его любовь. Он дает нам любовь к Богу и другим людям. Мы освобождены, — и любовь может стать нашим образом жизни. Мы будем наполняться любовью и служить Иисусу и другим людям, вместо того, чтобы нам оставаться сконцентрированными на самих себе.

в) свобода изменяться

Часто приходится слышать от людей: «Человек таков, каков он есть. Изменить его невозможно». Оказывается, это не совсем так. Дух Божий может изменить человека. Святой Дух дает нам возможность жить так, как в глубине нашего существа, мы всегда хотели жить. Апостол Павел говорит, что плоды Святого Духа: «любовь, радость, мир, долготерпение, благость, милосердие, вера, кротость и воздержание» (Послание к Галатам 5:22). Когда мы приглашаем Святой Дух прийти и жить в нас, все эти качества начинают появляться и возрастать.

ПОЧЕМУ ЛЮДИ ГОВОРЯТ «НЕТ»?

Итак, вместе с Иисусом Христом Бог предлагает нам принять прощение, свободу и Его Святой Дух, Который приходит, чтобы жить в нас. Все это Божьи дары. Когда кто-то предлагает нам сверток в яркой оберточной бумаге, мы оказываемся перед выбором. Мы можем принять его, развернуть и наслаждаться им. В противном случае мы говорим: «Спасибо – нет». Это очень печально, но у многих находятся какие-то причины, чтобы отказаться от дара, который предлагает нам Бог.

Вот наиболее распространенные из этих отговорок:

а) «мне Бог не нужен»

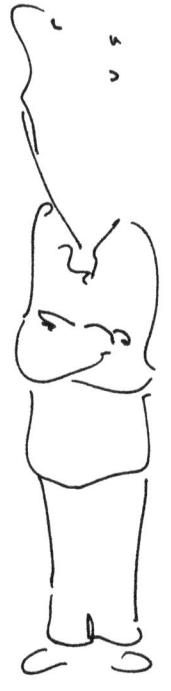

Когда люди говорят что-то подобное, они имеют в виду, что они вполне довольны своей жизнью и без Бога. Проблема в том, что нам чрезвычайно необходимо не «довольство», а «прощение». Нужно быть очень заносчивым человеком, чтобы заявить, что он не нуждается в прощении.

Нам всем нужно прощение. В противном случае нас ждут серьезные неприятности. Потому что Бог не только любящий Отец, но и праведный Судья.

Либо мы принимаем то, что сделал для нас Иисус на кресте, или мы обрекаем себя на то, чтобы однажды самим заплатить за все, что мы сделали неправильно в нашей жизни.

а) «слишком многим нужно пожертвовать»

Бывает, Бог указывает нам на те составляющие нашей привычной жизни, которые, по сути, являются неправильными и от которых нам придется отказаться, если мы хотим наслаждаться общением с Богом через Иисуса.

Нам нужно всегда принимать в расчет следующие факты:

- Бог любит нас. Он хочет, чтобы мы прекратили делать то, что приносит нам вред. Если бы моим детям вздумалось поиграть с остро заточенным ножом, я велел бы им прекратить это развлечение. Не потому что я только и ищу, как бы лишить их удовольствия. Я просто не хочу, чтобы они поранились.

- То, от чего придется отказаться нам, ничто, в сравнении с тем, что мы получим. Тому, кто не стал христианином, придется в итоге заплатить гораздо большую цену, чем тому, кто им стал.
- То, чего это будет стоить нам, не идет ни в какое сравнение с тем, что пришлось сделать Иисусу, когда Он умер за нас на кресте.

в) «это, должно быть, ловушка»

Так трудно поверить, что в этой жизни можно получить что нибудь хорошее бесплатно. «Слишком уж все тут просто. Здесь, определенно, есть какая-то ловушка». Дело в том, что они не понимают главного: это мы получаем сей дар бесплатно, а Иисусу он стоил очень дорого: всей Его крови до последней капли. Это для нас тут все просто. А для Него все было куда как сложнее.

г) «я не достаточно хорош для этого»

Никто из нас не является достаточно хорошим для этого. Как бы мы не старались, мы никогда не сможем сделать себя хоть сколько нибудь сносными для Бога. Именно поэтому Иисус и пришел. Иисус открыл нам возможность быть принятыми Богом такими, какие мы есть, независимо от того, что мы сделали и как далеко мы зашли, разрушая свои собственные жизни.

д) «я все равно не смогу продолжать так всегда»

С одной стороны, это действительно так: сами мы не сможем. Но Божий Дух, который начинает жить в нас, дает нам силы продолжать жить христианской жизнью.

е) «я могу это сделать в другой раз»

Это самая распространенная отговорка. В этом случае люди говорят: «Я знаю, что это правда, но я еще не готов». Они откладывают. Но чем дольше мы откладываем, тем становится труднее, тем больше мы теряем. Кроме того, мы не знаем, будет ли у нас еще один шанс. Единственное, о чем я по настоящему жалею, — что я не сделал этого еще раньше.

ЧТО НАМ НУЖНО ДЕЛАТЬ?

Новый Завет однозначно говорит, что мы должны что-то сделать, чтобы принять тот дар, который предлагает нам Бог. Это — шаг веры. Иоанн пишет: «Ибо так возлюбил Бог мир, что отдал Сына Своего Единородного, дабы всякий верующий в Него, не погиб, но имел жизнь вечную» (Евангелие от Иоанна 3:16). Верующий — это тот, кто совершает акт веры на основании всего того, что он знает об Иисусе. Это не слепая вера. Мы полагаемся на Личность. Это что-то напоминающее шаг, который делают жених и невеста, когда они говорят друг другу «Да» в день свадьбы.

Совершить этот шаг веры можно разными способами. Я попробую описать один из них, его вы можете применить прямо сейчас. Он кратко определяется тремя ключевыми словами.

а) «Прости»

Вы просите у Бога прощения за все, что вы сделали неправильно в вашей жизни, и отворачиваетесь от этого. Библия называет это «покаянием».

а) «Спасибо»

Мы верим, что Иисус умер за нас на кресте. Вам нужно поблагодарить Его за то, что Он умер за Вас и предлагает Вам Свой дар прощения, освобождения и Святого Духа.

а) «Пожалуйста»

Бог никогда никого не заставляет что-либо делать. Вы принимаете Его дар сами, приглашая Его войти в Вашу жизнь Духом Святым и оставаться с Вами. Если Вы хотите иметь отношения с Богом и готовы сказать то, что я поместил в эти три слова, то далее есть очень простая молитва. Она станет началом Вашего общения с Богом, как только Вы ее произнесете:

Господь Иисус Христос.

Прости меня, пожалуйста, за все то, что я сделал неправильно в моей жизни (остановитесь на каких-то моментах, о которых напоминает Вам совесть).

Пожалуйста, даруй мне прощение. Сейчас я отворачиваюсь от всего, что я знаю, неправильно.

Спасибо за то, что ты умер на кресте, чтобы я мог быть прощен и освобожден.

Спасибо за дар прощения и Твоего Святого Духа, который Ты предлагаешь мне. Я сейчас принимаю этот дар.

Пожалуйста, приди в мою жизнь Своим Святым Духом и оставайся со мной навсегда.

Благодарю Тебя, Господь Иисус. Аминь.

ЧТО ТЕПЕРЬ?

1. Расскажите кому-нибудь

Очень важно посвятить в это кого-нибудь, чтобы еще раз утвердиться в том решении, которое вы приняли. Иногда только после того, как Вы рассказали кому-то еще, это становится реальностью для Вас самих. Для начала хорошо бы рассказать тому, кто, по Вашему мнению, будет рад узнать эту новость.

2. Читайте Библию

Когда мы принимаем Иисуса и доверяемся Ему, мы становимся детьми Божьими (Евангелие от Иоанна 1:12). Он – наш Небесный Отец. Как любой отец, Он хочет иметь общение со Своими детьми. Наши отношения развиваются, когда мы слушаем Его (в первую очередь через Библию) и когда мы говорим с Ним в молитве. Библия – это Божье Слово. Для начала Вы можете прочитывать несколько стихов в день из Евангелия от Иоанна. Просите Бога говорить с Вами, когда читаете.

3. Говорите с Богом каждый день в молитве

У меня была модель молитвы, которой я хочу поделиться с Вами.

- Поклоняйтесь Ему. Восхваляйте Его за то, кто Он есть, и что Он сделал.

- Исповедуйтесь Ему. Просите прощения за все, что Вы сделали неправильно.

- Благодарите Его. Говорите Ему спасибо за здоровье, семью, друзей и пр.

- Просите Его. Просите за себя, своих друзей, за других людей.

4. Присоединитесь к живой церкви

Чрезвычайно важно быть в общении с христианами, собираться вместе для поклонения, чтобы слышать, что Бог хочет вам сказать, поддерживать друг друга, заводить друзей.

Церковь может быть замечательным местом.

ЧТО ТАКОЕ АЛЬФА?

Альфа – это курс, основанный на 11 встречах, на которых рассматриваются ключевые вопросы христианской веры.

Вот его особенности:

Абсолютно любой человек может прийти на *Альфа* курс. Каждый, желающий узнать больше о христианской вере, может быть приглашен на эту программу, предназначенную для людей, не посещающих церковь, или для новообращенных христиан.

Легкость и веселье в общении – одна из важных особенностей курса. Занятия проходят в непринужденной, веселой обстановке. Смех и радость являются ключевыми компонентами всего курса, поскольку они разрушают барьеры между людьми и позволяют всем отдохнуть.

Ь Помощ**ь** друг другу. Маленькие группы располагают к тому, чтобы все принимали участие в обсуждении выступлений, помогали друг другу в изучении Библии и молились друг за друга.

Фантастика! – совместный ужин. Это дает людям возможность познакомиться друг с другом и приобрести друзей-христиан. Очень важно, чтобы общение проходило в доброжелательной обстановке.

Активность каждого человека. *Альфа* курс — это место, где никакой вопрос не считается слишком простым или сложным, наивным или каверзным. Людям дается возможность свободно задавать интересующие их вопросы и обсуждать соответствующие темы в небольших группах после выступлений.

Темы, которые обсуждаются на Альфа курсе

0. Христианство: Скучно? Ложно? Неважно?
1. Кто такой Иисус?
2. Зачем Иисус умер?
3. Как я могу быть уверен в своей вере?
4. Зачем и как мне следует читать Библию?
5. Зачем и как мне молиться?
6. Кто такой Святой Дух?
7. Что делает Святой Дух?
8. Как я могу быть наполнен Духом Святым?
9. Как я могу противостоять злу?
10. Как Бог ведет нас?
11. Нужно ли говорить людям о своей вере и как это делать?
12. Исцеляет ли Бог сегодня?
13. Что такое Церковь?
14. Как мне жить дальше?

С каждым годом растет число новых участников *Альфа* курса. После окончания курса проводится заключительный *Альфа* ужин, на который приглашаются все, прошедшие курс, а также их друзья и знакомые. Это ключевой момент для начала нового курса. Никки Гамбл поясняет: «Одна из причин быстрого роста *Альфы* — это приглашение своих близких бывшими «альфовцами». Все основано на дружбе».

В 1991 году в Великобритании было проведено 4 *Альфа* курса, которые посетили 60 человек, в 1993 году количество курсов увеличилось до 200, а посетило их 4 500 человек; в 1994 г. — 750 курсов и 30 000 человек. В 2011 году 54 000 *Альфа* курсов, которые посетило более 17 000 000 человек.

На сегодняшний день *Альфа* курс проводится в более, чем в 171 стране мира. Материалы курса переведены на 61 язык.

Если Вы хотите больше узнать о служении *Альфа* курс, свяжитесь с нами:

Служение «*Альфа* курс»
107564, Россия, г.Москва,
ул. Краснобогатырская, д.38 стр.2
тел/факс (495) 963-35-11
info@alphacourse.ru
www.alphacourse.ru

Подписано в печать   г.
Формат 111x178. Печать офсетная.
Гарнитура шрифта основного текста NewBaskervilleC
Усл.печ. лист   . Тираж 5000 экз.
Заказ №
Отпечатано в ООО «ИПЦ «Святигор» в ГУП «ИПК «Чувашия».
428019, г.Чебоксары, пр. И.Яковлева, 13

Printed in the USA
CPSIA information can be obtained
at www.ICGtesting.com
JSHW010855260124
55697JS00013B/166

9 785905 027093